Café Tales: Bilingual Portuguese-English Short Stories

Teakle

Published by Teakle, 2023.

While every precaution has been taken in the preparation of this book, the publisher assumes no responsibility for errors or omissions, or for damages resulting from the use of the information contained herein.

CAFÉ TALES: BILINGUAL PORTUGUESE-ENGLISH SHORT STORIES

First edition. July 11, 2023.

ISBN: 979-8223203988

Written by Teakle.

Table of Contents

A Magia da Conexão
The Magic of Connection

Era uma tarde ensolarada em Lisboa, e o aroma do café fresco pairava no ar dentro do pequeno café na rua estreita. As mesas de madeira polida estavam ocupadas por pessoas imersas em conversas animadas ou perdidas em seus pensamentos. O ruído suave de xícaras e colheres ecoava pela sala, criando uma sinfonia única.

It was a sunny afternoon in Lisbon, and the aroma of fresh coffee lingered in the air inside the small café on the narrow street. The polished wooden tables were occupied by people engaged in lively conversations or lost in their thoughts. The gentle clatter of cups and spoons echoed through the room, creating a unique symphony.

Em uma das mesas do canto, sentava-se um jovem escritor chamado Miguel. Seus olhos azuis estavam fixos no laptop à sua frente, enquanto ele tentava dar vida às palavras em sua mente. Ele estava preso em uma lacuna criativa, lutando para encontrar a inspiração necessária para sua próxima história.

At one of the corner tables sat a young writer named Miguel. His blue eyes were fixed on the laptop in front of him as he tried to bring the words in his mind to life. He was caught in a creative slump, struggling to find the inspiration needed for his next story.

Enquanto ele tomava um gole de café, seus olhos vagavam pela sala, buscando algo que pudesse desbloquear sua imaginação. Foi quando seus olhos encontraram uma mulher misteriosa, sentada sozinha em outra mesa. Seus cabelos negros caíam em cascata pelos ombros, e seus olhos castanhos transmitiam uma serenidade cativante.

As he took a sip of coffee, his eyes wandered around the room, searching for something that could unlock his imagination. That's when his eyes met a mysterious woman, sitting alone at another table. Her black hair cascaded down her shoulders, and her brown eyes conveyed a captivating serenity.

Intrigado pela presença dela, Miguel decidiu se aproximar e puxar assunto. Enquanto trocavam algumas palavras, ele descobriu que ela era uma artista chamada Sofia. Ela tinha uma paixão pela pintura e também enfrentava seus próprios bloqueios criativos.

Intrigued by her presence, Miguel decided to approach her and strike up a conversation. As they exchanged a few words, he discovered that she was an artist named Sofia. She had a passion for painting and was also facing her own creative blocks.

Compartilhando suas lutas e aspirações, eles perceberam que tinham mais em comum do que imaginavam. A conexão que surgia entre eles era mágica, como se suas almas estivessem dançando em sintonia. Eles começaram a se encontrar regularmente naquele café, inspirando-se mutuamente e superando seus bloqueios criativos.

Sharing their struggles and aspirations, they realized they had more in common than they had imagined. The connection that blossomed between them was magical, as if their souls were dancing in harmony. They began to meet regularly at that café, inspiring each other and overcoming their creative blocks.

Conforme o tempo passava, Miguel e Sofia descobriram que seu relacionamento era mais do que apenas uma colaboração criativa. Eles encontraram amor e compreensão um no outro, apoiando-se em seus sonhos e desafios. Juntos, eles exploraram os becos e praças de Lisboa, encontrando inspiração em cada canto.

As time went by, Miguel and Sofia discovered that their relationship was more than just a creative collaboration. They found love and understanding in each other, supporting each other in their dreams and challenges. Together, they explored the alleys and squares of Lisbon, finding inspiration at every corner.

O pequeno café se tornou o ponto de partida de sua jornada conjunta, onde seus corações se abriram e suas mentes se expandiram. Eles nunca esqueceriam a magia daquele lugar, onde o aroma do café e a sinfonia das conversas se fundiram para dar origem a uma história de amor e criatividade que duraria para sempre.

The small café became the starting point of their shared journey, where their hearts opened and their minds expanded. They would never forget the magic of that place, where the aroma of coffee and the symphony of conversations merged to give birth to a story of love and creativity that would last forever.

O Encontro do Destino
The Encounter of Destiny

Era uma noite chuvosa em Lisboa, e o pequeno café na rua estreita estava iluminado pelo brilho acolhedor das luzes internas. As janelas embaçadas refletiam as gotas de chuva, criando um cenário romântico. As mesas estavam ocupadas por pessoas encolhidas, buscando refúgio do clima desagradável lá fora.

It was a rainy night in Lisbon, and the small café on the narrow street was lit up by the warm glow of its interior lights. The fogged-up windows reflected the raindrops, creating a romantic setting. The tables were occupied by huddled people seeking refuge from the unpleasant weather outside.

Em uma das mesas, sentava-se uma jovem chamada Inês. Seu rosto expressava preocupação, e seus olhos castanhos estavam fixos em seu copo de café meio cheio. Ela esperava por alguém especial, alguém que poderia mudar o rumo de sua vida.

At one of the tables sat a young woman named Inês. Her face displayed worry, and her brown eyes were fixed on her half-filled coffee cup. She was waiting for someone special, someone who could change the course of her life.

Enquanto o barulho da chuva batendo nas janelas se misturava com a música suave ao fundo, Inês sentiu uma presença se aproximar de sua mesa. Ela olhou para cima e seus olhos encontraram os de um homem alto e elegante, de cabelos grisalhos e sorriso gentil. Era Bernardo, um pianista renomado.

As the sound of rain hitting the windows blended with the soft music in the background, Inês felt a presence approaching her table. She looked up, and her eyes met those of a tall and elegant man, with graying hair and a gentle smile. It was Bernardo, a renowned pianist.

Bernardo, sentindo a tristeza no olhar de Inês, sentou-se à sua frente e começou a tocar uma música lenta e melancólica no piano que ficava no canto do café. As notas fluíam com uma intensidade emocional, envolvendo o ambiente e preenchendo o coração de Inês com uma mistura de tristeza e esperança.

Sensing the sadness in Inês' eyes, Bernardo sat across from her and started playing a slow and melancholic tune on the piano located in the corner of the café. The notes flowed with emotional intensity, enveloping the surroundings and filling Inês' heart with a mixture of sadness and hope.

Enquanto Bernardo tocava, Inês percebeu que aquela música capturava perfeitamente seus sentimentos mais profundos. Uma lágrima solitária escorreu por seu rosto, expressando uma liberação emocional que há muito tempo estava guardada dentro dela.

As Bernardo played, Inês realized that the music captured her deepest emotions perfectly. A solitary tear trickled down her face, expressing an emotional release that had long been pent up inside her.

Quando a música chegou ao fim, Bernardo levantou-se e segurou as mãos trêmulas de Inês. Seus olhos se encontraram, e eles souberam, sem palavras, que aquele encontro não era uma mera coincidência. Era o destino agindo, trazendo-os juntos naquela noite chuvosa.

As the music came to an end, Bernardo stood up and took Inês' trembling hands. Their eyes met, and they knew, without words, that their meeting was not a mere coincidence. It was destiny at work, bringing them together on that rainy night.

Eles se levantaram e saíram do café de mãos dadas, enfrentando a chuva juntos. Os dois sabiam que haviam encontrado algo especial um no outro, uma conexão profunda que poderia mudar suas vidas para sempre. A chuva lavava suas preocupações e medos, abrindo caminho para uma nova jornada cheia de promessas e possibilidades.

They stood up and walked out of the café hand in hand, braving the rain together. Both of them knew they had found something special in each other, a deep connection that could change their lives forever. The rain washed away their worries and fears, paving the way for a new journey filled with promises and possibilities.

O Sabor da Amizade
The Flavor of Friendship

Era uma tarde quente de verão em Lisboa, e o pequeno café na rua estreita estava animado com a agitação dos clientes. O ar estava impregnado com o aroma sedutor do café recém-torrado e os sons alegres das conversas preenchiam o ambiente. As mesas ao ar livre estavam ocupadas por grupos de amigos desfrutando da companhia um do outro.

It was a hot summer afternoon in Lisbon, and the small café on the narrow street was bustling with customers. The air was filled with the seductive aroma of freshly roasted coffee, and the cheerful sounds of conversations filled the space. The outdoor tables were occupied by groups of friends enjoying each other's company.

Sentada em uma mesa próxima à janela, estava uma jovem chamada Carolina. Ela observava com carinho o movimento ao seu redor, desejando fazer parte daquela alegria compartilhada. Carolina era nova na cidade e ansiava por conhecer pessoas e criar laços de amizade.

Seated at a table near the window was a young woman named Carolina. She watched affectionately the hustle and bustle around her, longing to be part of that shared joy. Carolina was new to the city and yearned to meet people and form friendships.

Enquanto Carolina mexia seu café com uma colher distraída, seus olhos se encontraram com os de um homem sorridente que passava pela calçada. Ele notou a expressão solitária em seu rosto e, seguindo seu instinto, decidiu entrar no café e se sentar à sua mesa.

As Carolina stirred her coffee absentmindedly, her eyes met those of a smiling man passing by on the sidewalk. He noticed the lonely expression on her face and, following his instinct, decided to enter the café and sit at her table.

Ele se apresentou como Miguel, um músico talentoso que também era novo na cidade. Miguel compartilhou histórias engraçadas e anedotas de sua jornada para Lisboa, fazendo Carolina rir genuinamente pela primeira vez em dias.

He introduced himself as Miguel, a talented musician who was also new to the city. Miguel shared funny stories and anecdotes from his journey to Lisbon, making Carolina genuinely laugh for the first time in days.

Conforme a tarde se transformava em noite, Carolina e Miguel continuaram a conversar animadamente, encontrando uma afinidade em suas paixões e visões de mundo. Eles descobriram que compartilhavam o amor pela música e pela arte, bem como uma curiosidade mútua sobre a cidade e sua cultura.

As the afternoon turned into evening, Carolina and Miguel continued to engage in lively conversation, finding a common ground in their passions and worldviews. They discovered they shared a love for music and art, as well as a mutual curiosity about the city and its culture.

O pequeno café tornou-se um refúgio para Carolina e Miguel, um lugar onde a amizade floresceu e os sonhos se entrelaçaram. Eles frequentemente retornavam para desfrutar do saboroso café e das conversas intermináveis, criando memórias que os acompanhariam por toda a vida.

The small café became a sanctuary for Carolina and Miguel, a place where friendship blossomed and dreams intertwined. They would often return to savor the delicious coffee and engage in endless conversations, creating memories that would stay with them for a lifetime.

Com o tempo, Carolina e Miguel construíram um círculo de amizades no café, trazendo outros novos amigos para se juntarem a eles. O café se tornou um ponto de encontro para pessoas em busca de conexões e companheirismo, um local onde histórias eram compartilhadas e risos eram abundantes.

Over time, Carolina and Miguel built a circle of friendships at the café, bringing other new friends to join them. The café became a meeting point for people seeking connections and companionship, a place where stories were shared and laughter was abundant.

E assim, no coração de Lisboa, o pequeno café se transformou em mais do que apenas um lugar para tomar café. Era um espaço onde a amizade florescia, as diferenças eram celebradas e a magia dos encontros inesperados se manifestava todos os dias.

And so, in the heart of Lisbon, the small café transformed into more than just a place to grab a coffee. It was a space where friendship flourished, differences were celebrated, and the magic of unexpected encounters unfolded every day.

O Ritmo do Amor
The Rhythm of Love

Era uma manhã ensolarada em Lisboa, e o pequeno café na rua estreita estava apenas começando a ganhar vida. O cheiro tentador do café fresco se misturava com o aroma adocicado dos pastéis de nata. Os primeiros clientes entravam, ansiosos por um começo perfeito para o dia.

It was a sunny morning in Lisbon, and the small café on the narrow street was just starting to come alive. The enticing smell of fresh coffee mingled with the sweet aroma of pastéis de nata. The first customers walked in, eager for a perfect start to the day.

Sentado em uma das mesas do canto, estava um jovem chamado João. Ele era um talentoso violinista, cujo coração batia no ritmo da música que criava. João estava imerso em seus pensamentos, seu violino descansando ao seu lado, esperando para ser tocado.

Seated at one of the corner tables was a young man named João. He was a talented violinist, whose heart beat to the rhythm of the music he created. João was lost in his thoughts, his violin resting beside him, waiting to be played.

Enquanto ele observava a multidão ao seu redor, seus olhos encontraram uma mulher de cabelos dourados sentada em outra mesa. Seus dedos delicados tocavam levemente a borda de uma xícara de café. Era Sofia, uma dançarina apaixonada pela arte do movimento.

As he observed the crowd around him, his eyes met those of a golden-haired woman sitting at another table. Her delicate fingers lightly touched the rim of a coffee cup. It was Sofia, a dancer passionate about the art of movement.

Um sorriso tímido surgiu nos lábios de João, enquanto ele pegava seu violino e começava a tocar uma melodia suave. As notas dançavam no ar, envolvendo Sofia em uma aura de música e emoção. Ela se levantou, deixando sua xícara de café intocada, e começou a mover-se graciosamente ao som do violino.

A shy smile formed on João's lips as he picked up his violin and began playing a soft melody. The notes danced in the air, enveloping Sofia in an aura of music and emotion. She rose from her seat, leaving her untouched coffee cup, and started moving gracefully to the sound of the violin.

O pequeno café se transformou em um palco improvisado, onde a dança e a música se entrelaçavam em uma harmonia perfeita. João tocava com paixão, enquanto Sofia se movia com elegância e graciosidade. Eles criaram um espetáculo cativante, prendendo a atenção dos clientes e dos transeuntes que passavam pela rua.

The small café turned into an improvised stage, where dance and music intertwined in perfect harmony. João played with passion, while Sofia moved with elegance and grace. They created a captivating performance, capturing the attention of the customers and passersby on the street.

Quando a melodia chegou ao fim, o café irrompeu em aplausos calorosos. João e Sofia se olharam, seus corações cheios de gratidão pela conexão mágica que haviam encontrado. Eles sabiam que aquele momento era apenas o começo de uma jornada conjunta, onde a música e a dança seriam os fios que teceriam sua história de amor.

As the melody came to an end, the café erupted in warm applause. João and Sofia looked at each other, their hearts filled with gratitude for the magical connection they had found. They knew that moment was just the beginning of a shared journey, where music and dance would be the threads weaving their love story.

O pequeno café em Lisboa continuou a ser o cenário onde João e Sofia dançavam e tocavam, compartilhando sua arte com o mundo. Suas performances emocionavam os clientes e inspiravam outros artistas que encontravam refúgio no café, onde o amor pela música e pela dança unia corações e criava uma sinfonia de paixão e alegria.

The small café in Lisbon continued to be the backdrop where João and Sofia danced and played, sharing their art with the world. Their performances moved the customers and inspired other artists who found refuge in the café, where love for music and dance united hearts and created a symphony of passion and joy.

O Refúgio da Inspiração
The Refuge of Inspiration

Era uma tarde nublada em Lisboa, e o pequeno café na rua estreita estava preenchido com um ar de tranquilidade. O som suave de xícaras sendo apoiadas nas mesas misturava-se ao murmúrio das conversas e ao aroma reconfortante do café. As pessoas buscavam refúgio ali, em busca de inspiração e momentos de paz.

It was a cloudy afternoon in Lisbon, and the small café on the narrow street was filled with an air of tranquility. The gentle sound of cups being placed on tables mingled with the murmurs of conversations and the comforting aroma of coffee. People sought refuge there, seeking inspiration and moments of peace.

Sentada em um canto acolhedor, estava uma mulher chamada Maria. Ela era uma artista, com um bloco de desenho aberto à sua frente e um lápis em sua mão. Maria olhava para as páginas em branco, buscando a faísca criativa que parecia ter se perdido.

Seated in a cozy corner was a woman named Maria. She was an artist, with a sketchbook open in front of her and a pencil in her hand. Maria gazed at the blank pages, seeking the creative spark that seemed to have been lost.

Enquanto ela lutava para encontrar inspiração, seus olhos pousaram em um grupo de músicos sentados em uma mesa próxima. Eles eram um quarteto de violino, violoncelo, flauta e piano, e estavam imersos em uma conversa animada. A harmonia de suas vozes e a melodia das risadas trouxeram uma sensação de vida ao ambiente.

As she struggled to find inspiration, her eyes landed on a group of musicians sitting at a nearby table. They were a quartet of violin, cello, flute, and piano, and they were engaged in lively conversation. The harmony of their voices and the melody of their laughter brought a sense of life to the environment.

Intrigada pela energia contagiante do grupo, Maria decidiu se aproximar. Ela puxou uma cadeira vazia e começou a conversar com os músicos. Eles compartilharam histórias sobre suas paixões pela música, suas jornadas individuais e suas lutas criativas.

Intrigued by the contagious energy of the group, Maria decided to approach them. She pulled up an empty chair and started chatting with the musicians. They shared stories about their passions for music, their individual journeys, and their creative struggles.

Enquanto os músicos falavam, Maria começou a sentir as centelhas de sua criatividade retornando. A música que preenchia o café era como um lembrete constante de que a arte podia ser encontrada em cada esquina da vida. O encontro com os músicos serviu como um lembrete inspirador de que a colaboração entre diferentes formas de arte poderia gerar algo verdadeiramente mágico.

As the musicians spoke, Maria began to feel the sparks of her creativity returning. The music that filled the café was like a constant reminder that art could be found at every corner of life. The encounter with the musicians served as an inspiring reminder that collaboration between different forms of art could generate something truly magical.

Maria voltou para sua mesa, os olhos brilhando de entusiasmo. Com seu lápis tocando o papel, ela começou a desenhar, dando vida às suas ideias e emoções. A música dos músicos se entrelaçava com as linhas em seu desenho, criando uma simbiose de expressão artística.

Maria returned to her table, her eyes gleaming with enthusiasm. With her pencil touching the paper, she began to draw, giving life to her ideas and emotions. The music from the musicians intertwined with the lines in her drawing, creating a symbiosis of artistic expression.

O pequeno café tornou-se um santuário para Maria, onde ela encontrava inspiração em cada conversa e em cada acorde que preenchia o ar. Ela continuou a visitar o café regularmente, não apenas para desfrutar de sua bebida quente e dos momentos de tranquilidade, mas também para se conectar com outros artistas e encontrar uma comunidade de criatividade e apoio.

The small café became a sanctuary for Maria, where she found inspiration in every conversation and in every chord that filled the air. She continued to visit the café regularly, not only to enjoy her hot beverage and moments of tranquility but also to connect with other artists and find a community of creativity and support.

E assim, o pequeno café em Lisboa se tornou mais do que apenas um local para tomar café. Era um lugar onde a inspiração fluía livremente, onde mentes criativas se encontravam e onde a magia da arte se manifestava diariamente. Maria encontrou seu refúgio e descobriu que, dentro das paredes acolhedoras daquele café, sua criatividade poderia florescer em sua forma mais autêntica.

And so, the small café in Lisbon became more than just a place to have coffee. It was a place where inspiration flowed freely, where creative minds met, and where the magic of art manifested daily. Maria found her refuge and discovered that within the welcoming walls of that café, her creativity could flourish in its most authentic form.

O Laço do Passado
The Bond of the Past

Era uma tarde quente e ensolarada em Lisboa, e o pequeno café na rua estreita estava repleto de clientes em busca de um alívio do calor. As mesas ao ar livre estavam ocupadas por grupos animados, desfrutando de conversas alegres e refrescantes bebidas geladas.

It was a hot and sunny afternoon in Lisbon, and the small café on the narrow street was filled with customers seeking relief from the heat. The outdoor tables were occupied by lively groups, enjoying cheerful conversations and refreshing cold drinks.

Sentada em uma mesa solitária, havia uma mulher idosa chamada Ana. Seus olhos enrugados refletiam uma vida cheia de experiências e memórias preciosas. Ana frequentava o café com frequência, apreciando a atmosfera acolhedora e a oportunidade de observar as pessoas ao seu redor.

Seated at a solitary table was an elderly woman named Ana. Her wrinkled eyes reflected a life filled with experiences and cherished memories. Ana frequented the café often, enjoying the cozy atmosphere and the opportunity to observe the people around her.

Enquanto Ana mexia em sua xícara de chá gelado, seus pensamentos foram levados de volta ao passado. Ela recordou os momentos de juventude e os encontros que teve no mesmo café, décadas atrás. Ali, ela encontrou seu primeiro amor, um jovem poeta chamado Carlos.

As Ana stirred her glass of iced tea, her thoughts were taken back to the past. She reminisced about the moments of youth and the encounters she had in the same café, decades ago. It was there that she found her first love, a young poet named Carlos.

Enquanto ela se deleitava em suas memórias, um homem de cabelos grisalhos passou pela sua mesa. Seus olhares se cruzaram por um breve momento, e Ana teve uma sensação estranha de familiaridade. Ela notou um brilho de reconhecimento nos olhos do homem, mas não conseguiu colocar em palavras a conexão que parecia existir entre eles.

As she indulged in her memories, a gray-haired man passed by her table. Their gazes met for a brief moment, and Ana had a strange sense of familiarity. She noticed a flicker of recognition in the man's eyes, but couldn't put into words the connection that seemed to exist between them.

Curiosa, Ana decidiu segui-lo discretamente. Ela observou quando ele se sentou em uma mesa e pegou um livro de poesias, lendo-o com expressão concentrada. Ana se aproximou, com o coração cheio de esperança, e perguntou com voz trêmula:

— Carlos?

Curious, Ana decided to discreetly follow him. She watched as he sat down at a table and took out a book of poetry, reading it with a focused expression. Ana approached, her heart filled with hope, and asked with a trembling voice:

— Carlos?

O homem levantou os olhos, seus olhos encontraram os de Ana e um sorriso iluminou seu rosto enrugado. Era ele, seu antigo amor, agora envelhecido pelo tempo, mas com a mesma essência que a encantou tantos anos atrás.

The man raised his eyes, his gaze met Ana's, and a smile lit up his wrinkled face. It was him, her old love, now aged by time, but with the same essence that had enchanted her so many years ago.

Com lágrimas de alegria nos olhos, Ana e Carlos se abraçaram, relembrando o passado e compartilhando as histórias dos anos em que estiveram separados. O pequeno café se tornou um portal para o resgate de um amor perdido, reacendendo o laço que o tempo não conseguiu apagar.

With tears of joy in their eyes, Ana and Carlos embraced, reminiscing about the past and sharing the stories of the years they were apart. The small café became a portal for the rekindling of a lost love, reigniting the bond that time couldn't erase.

Nos dias que se seguiram, Ana e Carlos revisitaram os lugares especiais de sua juventude, caminhando pelas ruas de Lisboa de mãos dadas. Eles compartilharam risos, lágrimas e uma profunda gratidão por terem encontrado um ao outro novamente.

In the days that followed, Ana and Carlos revisited the special places of their youth, walking through the streets of Lisbon hand in hand. They shared laughter, tears, and a profound gratitude for having found each other again.

O pequeno café, que havia sido testemunha do seu amor no passado, agora testemunhava a redescoberta desse amor. Ali, eles celebravam o presente, nutrindo a chama do afeto que havia perdurado ao longo dos anos.

The small café, which had witnessed their love in the past, now witnessed the rediscovery of that love. There, they celebrated the present, nurturing the flame of affection that had endured throughout the years.

E assim, o pequeno café em Lisboa se tornou um símbolo de reencontros e segundas chances, onde os laços do passado podiam ser reavivados e onde o amor encontrava seu caminho de volta ao lar.

And so, the small café in Lisbon became a symbol of reunions and second chances, where the ties of the past could be rekindled and where love found its way back home.

A Melodia da Esperança
The Melody of Hope

Era uma manhã fria e nebulosa em Lisboa, e o pequeno café na rua estreita estava repleto de pessoas em busca de calor e conforto. O aroma acolhedor do café fresco pairava no ar, convidando os clientes a se acomodarem nas mesas próximas às janelas, onde a luz natural espiava timidamente.

It was a cold and foggy morning in Lisbon, and the small café on the narrow street was filled with people seeking warmth and comfort. The cozy scent of fresh coffee lingered in the air, inviting customers to settle at the tables near the windows, where the natural light peeped shyly.

Sentada em uma dessas mesas estava uma jovem chamada Inês. Seu olhar estava perdido no mundo exterior, refletindo a tristeza que carregava consigo. Ela ansiava por um raio de esperança em sua vida, algo que a fizesse acreditar que dias melhores estavam por vir.

Seated at one of those tables was a young woman named Inês. Her gaze was lost in the outside world, reflecting the sadness she carried within. She longed for a ray of hope in her life, something that would make her believe that better days were ahead.

Enquanto ela mexia em sua xícara de café, seus ouvidos captaram um som familiar vindo do canto do café. Era a melodia suave do piano, tocada por um homem de cabelos grisalhos e olhos gentis. Cada nota parecia sussurrar palavras de consolo e promessas de renovação.

As she stirred her coffee, her ears caught a familiar sound coming from the corner of the café. It was the gentle melody of the piano, played by a gray-haired man with kind eyes. Each note seemed to whisper words of solace and promises of renewal.

Curiosa, Inês levantou-se e caminhou em direção ao piano. Ela olhou para o homem que tocava com tanta paixão e perguntou:

— Qual é o nome dessa música tão bela?

O homem sorriu, suas mãos ainda deslizando pelas teclas do piano, e respondeu:

— Esta é a melodia da esperança. Ela nasceu do desejo de encontrar beleza mesmo nas circunstâncias mais sombrias.

Intrigued, Inês stood up and walked towards the piano. She looked at the man playing with such passion and asked:

— What is the name of this beautiful music?

The man smiled, his hands still gliding across the piano keys, and replied:

— This is the melody of hope. It was born out of the desire to find beauty even in the darkest of circumstances.

Inês sentou-se ao lado do pianista, seus ouvidos capturando cada nota e sua alma sendo envolvida por sua serenidade. Ela sentiu como se a música estivesse respondendo às suas próprias dores e tristezas, oferecendo uma promessa de cura e renovação.

Inês sat beside the pianist, her ears capturing each note, and her soul being embraced by its serenity. She felt as if the music was responding to her own pains and sorrows, offering a promise of healing and renewal.

Enquanto o homem tocava, Inês percebeu uma mudança dentro de si. Sua tristeza começou a se dissolver, dando lugar a um brilho de esperança. Ela entendeu que, assim como a música, a vida também poderia ser uma bela sinfonia, com momentos de alegria e melodia, mesmo nas circunstâncias mais difíceis.

As the man played, Inês noticed a shift within herself. Her sadness began to dissolve, making way for a glimmer of hope. She understood that, just like the music, life could also be a beautiful symphony, with moments of joy and melody, even in the most challenging circumstances.

O pequeno café se encheu de uma aura de renovação, à medida que a música da esperança se espalhava por todas as mesas. Os clientes olharam uns para os outros com sorrisos inspirados, compartilhando uma conexão silenciosa por meio da melodia que tocava seus corações.

The small café filled with an aura of renewal as the music of hope spread across all the tables. Customers looked at each other with inspired smiles, sharing a silent connection through the melody that touched their hearts.

Naquele momento, Inês soube que a melodia da esperança havia mudado sua vida para sempre. Ela sentiu uma nova força dentro de si, pronta para enfrentar os desafios com coragem e otimismo. E assim, ao som do piano, ela encontrou a inspiração necessária para recomeçar e acreditar nos seus sonhos mais uma vez.

In that moment, Inês knew that the melody of hope had changed her life forever. She felt a newfound strength within herself, ready to face challenges with courage and optimism. And so, to the sound of the piano, she found the inspiration she needed to start anew and believe in her dreams once again.

O Sabor da Generosidade
The Flavor of Generosity

Era uma noite fria e chuvosa em Lisboa, e o pequeno café na rua estreita estava iluminado pelas luzes amareladas, oferecendo um abrigo acolhedor aos transeuntes. As janelas embaçadas revelavam as pessoas sentadas ao redor das mesas, desfrutando da calma do ambiente.

It was a cold and rainy night in Lisbon, and the small café on the narrow street was lit up by the warm yellow lights, offering a cozy refuge to passersby. The fogged-up windows revealed people seated around the tables, enjoying the tranquility of the environment.

Sentado em uma mesa no canto, estava um homem chamado Miguel. Seu olhar cansado e suas roupas gastas contavam histórias de lutas e dificuldades. Miguel havia sido um músico talentoso, mas as reviravoltas da vida o deixaram desamparado, sem instrumento para tocar e sem um lugar para chamar de lar.

Seated at a table in the corner was a man named Miguel. His weary gaze and worn-out clothes told stories of struggles and hardships. Miguel had once been a talented musician, but life's twists and turns had left him disheartened, without an instrument to play and without a place to call home.

Enquanto Miguel observava a chuva cair lá fora, sua atenção foi atraída para uma mulher de meia-idade sentada em uma mesa próxima. Seu nome era Sofia, e ela era conhecida por seu coração generoso. Sofia notou a expressão triste no rosto de Miguel e decidiu agir.

As Miguel watched the rain fall outside, his attention was drawn to a middle-aged woman sitting at a nearby table. Her name was Sofia, and she was known for her generous heart. Sofia noticed the sad expression on Miguel's face and decided to take action.

Ela se levantou e se aproximou de Miguel com um sorriso gentil. Sofia ofereceu-lhe uma xícara de café quente e um pedaço de bolo de chocolate recém-saído do forno. Miguel, surpreso com o gesto de bondade, aceitou com gratidão.

She stood up and approached Miguel with a kind smile. Sofia offered him a cup of hot coffee and a piece of freshly baked chocolate cake. Miguel, surprised by the act of kindness, accepted it gratefully.

Enquanto Miguel saboreava o café e o bolo, Sofia começou a compartilhar sua própria história. Ela falou sobre sua jornada pessoal e como superou seus próprios desafios. Sofia viu em Miguel um talento e uma paixão pela música que precisavam ser resgatados.

As Miguel savored the coffee and cake, Sofia began sharing her own story. She talked about her personal journey and how she had overcome her own challenges. Sofia saw in Miguel a talent and a passion for music that needed to be rescued.

Movida por sua generosidade, Sofia propôs a Miguel uma ideia: ela o ajudaria a conseguir um novo instrumento para tocar e ofereceria um lugar para ele se apresentar. Ela acreditava no poder da música para curar e transformar vidas, e estava disposta a ajudar Miguel a recuperar sua paixão.

Moved by her generosity, Sofia proposed an idea to Miguel: she would help him get a new instrument to play and offer him a place to perform. She believed in the power of music to heal and transform lives, and she was willing to help Miguel reignite his passion.

Os olhos de Miguel se encheram de esperança, e ele aceitou a oferta de Sofia com gratidão. Nos dias que se seguiram, Sofia e Miguel trabalharam juntos para encontrar um violão de qualidade para ele. Sofia também organizou um evento no café, convidando os clientes e a comunidade local para assistir à performance de Miguel.

Miguel's eyes filled with hope, and he accepted Sofia's offer with gratitude. In the days that followed, Sofia and Miguel worked together to find a quality guitar for him. Sofia also organized an event at the café, inviting customers and the local community to witness Miguel's performance.

No dia da apresentação, o pequeno café estava repleto de pessoas ansiosas para ouvir a música de Miguel. Enquanto ele tocava com paixão e destreza, sua música preenchia o ambiente, tocando os corações daqueles que o ouviam.

On the day of the performance, the small café was filled with people eager to hear Miguel's music. As he played with passion and skill, his music filled the space, touching the hearts of those who listened.

A música de Miguel não só trouxe alegria e emoção ao café, mas também abriu portas para oportunidades futuras. Ele foi convidado a se apresentar em outros locais, e sua carreira como músico foi revitalizada, graças à generosidade de Sofia e à sua crença no poder transformador da arte.

Miguel's music not only brought joy and emotion to the café but also opened doors to future opportunities. He was invited to perform at other venues, and his career as a musician was revitalized, thanks to Sofia's generosity and her belief in the transformative power of art.

O pequeno café em Lisboa continuou a ser um lugar onde a generosidade e a música se entrelaçavam, onde corações eram tocados e vidas eram transformadas. Através do gesto de bondade de Sofia, Miguel encontrou uma nova perspectiva e uma segunda chance para perseguir seus sonhos.

The small café in Lisbon continued to be a place where generosity and music intertwined, where hearts were touched, and lives were transformed. Through Sofia's act of kindness, Miguel found a new perspective and a second chance to pursue his dreams.

E assim, em meio ao sabor do café e à melodia da generosidade, o pequeno café se tornou um farol de esperança, inspirando a todos a abraçarem a bondade e a compartilharem seus dons com o mundo.

And so, amidst the flavor of coffee and the melody of generosity, the small café became a lighthouse of hope, inspiring everyone to embrace kindness and share their gifts with the world.

33

As Cores da Amizade
The Colors of Friendship

Era uma tarde ensolarada em Lisboa, e o pequeno café na rua estreita estava repleto de vida e energia. O ar estava impregnado com o aroma tentador do café recém-preparado, enquanto o som alegre das conversas preenchia o ambiente. As mesas ao ar livre estavam ocupadas por pessoas desfrutando de momentos de descontração e amizade.

It was a sunny afternoon in Lisbon, and the small café on the narrow street was full of life and energy. The air was filled with the enticing aroma of freshly brewed coffee, while the cheerful sound of conversations filled the space. The outdoor tables were occupied by people enjoying moments of relaxation and friendship.

Sentada em uma mesa ao lado da janela, estava uma jovem chamada Sofia. Ela era uma artista talentosa, com um estojo de lápis de cor e um bloco de desenho à sua frente. Sofia adorava capturar a beleza do mundo ao seu redor e buscava inspiração em cada detalhe.

Seated at a table next to the window was a young woman named Sofia. She was a talented artist, with a set of colored pencils and a sketch pad in front of her. Sofia loved capturing the beauty of the world around her and sought inspiration in every detail.

Enquanto Sofia mergulhava em sua criação, seus olhos foram atraídos para um homem idoso que caminhava pela calçada com dificuldade. Ele carregava uma paleta de tintas e pincéis, que pareciam desgastados pelo tempo e pelo uso constante.

As Sofia immersed herself in her creation, her eyes were drawn to an elderly man walking along the sidewalk with difficulty. He carried a palette of paints and brushes, which appeared worn by time and constant use.

Movida pela curiosidade, Sofia decidiu se aproximar do homem e iniciou uma conversa. Seu nome era Miguel, um pintor apaixonado que frequentava o café há anos. Miguel compartilhou suas histórias de vida, suas viagens e sua paixão pela arte.

Driven by curiosity, Sofia decided to approach the man and struck up a conversation. His name was Miguel, a passionate painter who had been frequenting the café for years. Miguel shared his life stories, his travels, and his passion for art.

À medida que Sofia e Miguel conversavam, uma ideia começou a surgir em suas mentes criativas. Eles decidiram unir seus talentos e criar uma obra de arte colaborativa que simbolizasse a amizade e a conexão entre diferentes formas de expressão artística.

As Sofia and Miguel talked, an idea began to form in their creative minds. They decided to combine their talents and create a collaborative artwork that would symbolize friendship and the connection between different forms of artistic expression.

Nos dias seguintes, Sofia e Miguel trabalharam juntos no café, compartilhando ideias e explorando suas paletas de cores. A arte ganhou vida em suas mãos, com as pinceladas de Miguel e as linhas delicadas de Sofia se complementando de maneira harmoniosa.

In the following days, Sofia and Miguel worked together at the café, sharing ideas and exploring their color palettes. The art came to life in their hands, with Miguel's brushstrokes and Sofia's delicate lines complementing each other harmoniously.

A colaboração entre os dois artistas inspirou outros frequentadores do café, que se juntaram a eles, contribuindo com pinceladas e traços em um mural gigante. Cada pessoa trouxe sua perspectiva única e cores vibrantes, criando uma obra de arte coletiva que celebrava a diversidade e a união.

The collaboration between the two artists inspired other café-goers, who joined them, contributing brushstrokes and lines to a giant mural. Each person brought their unique perspective and vibrant colors, creating a collective artwork that celebrated diversity and unity.

No dia em que a obra foi finalizada, o pequeno café estava em festa. As paredes do estabelecimento se encheram com as cores da amizade, retratando o espírito da comunidade e da criatividade compartilhada.

On the day the artwork was completed, the small café was filled with celebration. The walls of the establishment were adorned with the colors of friendship, portraying the spirit of community and shared creativity.

A obra de arte se tornou um símbolo duradouro da amizade que floresceu naquele café. Ela inspirou outros artistas a se conectarem e a colaborarem, reforçando a importância de valorizar a diversidade e a união na busca por um mundo mais colorido e harmonioso.

The artwork became a lasting symbol of the friendship that flourished in that café. It inspired other artists to connect and collaborate, reinforcing the importance of valuing diversity and unity in the pursuit of a more colorful and harmonious world.

E assim, o pequeno café em Lisboa continuou a ser um local onde as cores se misturavam, as histórias se entrela çavam e as amizades se fortaleciam. Era um lugar onde a arte encontrava seu lar e onde a inspiração fluía livremente, criando um ambiente de celebração e criatividade. Através da magia das cores e da conexão humana, o café se tornou um refúgio para os artistas e uma fonte de inspiração para todos que adentravam suas portas.

And so, the small café in Lisbon continued to be a place where colors intertwined, stories intertwined, and friendships grew stronger. It was a place where art found its home and where inspiration flowed freely, creating an environment of celebration and creativity. Through the magic of colors and human connection, the café became a refuge for artists and a source of inspiration for all who entered its doors.

A Dança da Vida
The Dance of Life

Era uma noite quente de verão em Lisboa, e o pequeno café na rua estreita estava repleto de energia e entusiasmo. As mesas ao ar livre estavam ocupadas por grupos animados, desfrutando de bebidas refrescantes e compartilhando risadas contagiantes. O som alegre de música ao vivo ecoava pelo ar, convidando as pessoas a dançarem e se entregarem à magia da noite.

It was a hot summer night in Lisbon, and the small café on the narrow street was filled with energy and excitement. The outdoor tables were occupied by lively groups, enjoying refreshing drinks and sharing contagious laughter. The joyful sound of live music echoed through the air, inviting people to dance and surrender to the magic of the night.

Sentada em uma mesa próxima ao palco, estava uma mulher chamada Helena. Seus olhos brilhavam com a empolgação da música e seu corpo pulsava com o ritmo contagiante. Helena era uma bailarina apaixonada, que encontrava na dança a sua forma mais pura de expressão.

Seated at a table near the stage was a woman named Helena. Her eyes sparkled with the excitement of the music, and her body pulsated with the contagious rhythm. Helena was a passionate dancer who found in dance her purest form of expression.

Enquanto ela observava os músicos tocando seus instrumentos com habilidade e paixão, Helena sentiu uma vontade incontrolável de se juntar à dança. Ela se levantou de sua cadeira e começou a mover-se graciosamente ao som da música, deixando-se levar pelo ritmo e pela emoção que fluía por seu corpo.

As she watched the musicians skillfully and passionately playing their instruments, Helena felt an uncontrollable urge to join the dance. She stood up from her chair and began to move gracefully to the music, allowing herself to be carried away by the rhythm and the emotion flowing through her body.

Enquanto Helena dançava com graciosidade, seus olhos encontraram os de um homem sentado em uma mesa próxima. Seu nome era Ricardo, um músico talentoso que tocava saxofone na banda. Ele ficou hipnotizado pela beleza e pela liberdade com que Helena se movia.

As Helena danced with grace, her eyes met those of a man sitting at a nearby table. His name was Ricardo, a talented musician playing the saxophone in the band. He was mesmerized by the beauty and freedom with which Helena moved.

Ricardo não conseguia tirar os olhos de Helena enquanto tocava seu saxofone. A melodia que saía de seu instrumento era uma resposta ao ritmo de seus movimentos, criando uma conexão mágica entre a música e a dança.

Ricardo couldn't take his eyes off Helena as he played his saxophone. The melody that flowed from his instrument was a response to the rhythm of her movements, creating a magical connection between the music and the dance.

Ao final da apresentação, Helena e Ricardo se aproximaram um do outro. A dança e a música haviam criado um laço inexplicável entre eles, uma conexão que transcendia as palavras. Eles sabiam que a magia daquela noite era o começo de algo especial.

At the end of the performance, Helena and Ricardo approached each other. The dance and the music had created an unexplainable bond between them, a connection that transcended words. They knew that the magic of that night was the beginning of something special.

Nos dias seguintes, Helena e Ricardo continuaram a se encontrar no pequeno café. Eles compartilhavam suas paixões pela dança e pela música, encontrando inspiração um no outro para criar colaborações artísticas únicas.

In the following days, Helena and Ricardo continued to meet at the small café. They shared their passions for dance and music, finding inspiration in each other to create unique artistic collaborations.

O pequeno café se tornou um cenário de harmonia e criatividade, onde artistas se uniam para dar vida a performances emocionantes e únicas. As pessoas que passavam pelas mesas ao ar livre eram envolvidas pela energia contagiante da dança e da música, e encontravam ali um refúgio para celebrar a vida e a expressão artística.

The small café became a backdrop of harmony and creativity, where artists came together to bring forth emotional and unique performances. People passing by the outdoor tables were enveloped by the contagious energy of dance and music, finding refuge there to celebrate life and artistic expression.

E assim, ao som da música e dos passos de dança, o pequeno café em Lisboa se tornou um templo para a celebração da arte, da paixão e da conexão humana. Através da dança, da música e da amizade, as pessoas descobriram a alegria de se expressar e de compartilhar sua criatividade com o mundo.

And so, to the sound of music and dance steps, the small café in Lisbon became a temple for the celebration of art, passion, and human connection. Through dance, music, and friendship, people discovered the joy of expressing themselves and sharing their creativity with the world.

O Encontro do Destino
The Encounter of Destiny

Era uma manhã tranquila em Lisboa, e o pequeno café na rua estreita estava envolto em uma calmaria acolhedora. O aroma do café fresco e dos bolos recém-assados pairava no ar, convidando os clientes a se acomodarem em suas mesas e a desfrutarem de um momento de tranquilidade.

It was a peaceful morning in Lisbon, and the small café on the narrow street was enveloped in a cozy tranquility. The scent of freshly brewed coffee and freshly baked pastries filled the air, inviting customers to settle at their tables and enjoy a moment of serenity.

Sentada em uma mesa ao canto, estava uma mulher chamada Ana. Seus olhos percorriam as páginas de um livro antigo, enquanto ela se deliciava com um chá quente. Ana era uma escritora sonhadora, que encontrava inspiração nas histórias que surgiam em sua mente.

Seated at a corner table was a woman named Ana. Her eyes skimmed the pages of an old book as she savored a hot cup of tea. Ana was a dreamy writer who found inspiration in the stories that unfolded in her mind.

Enquanto Ana se entregava ao mundo das palavras, seus olhos se fixaram em um homem que entrou no café. Ele era alto e tinha um sorriso gentil nos lábios. Seu nome era João, um viajante curioso que explorava as ruas de Lisboa com admiração.

As Ana immersed herself in the world of words, her eyes fixated on a man who entered the café. He was tall and had a gentle smile on his lips. His name was João, a curious traveler who wandered the streets of Lisbon with admiration.

Os olhares de Ana e João se cruzaram por um breve momento, e uma faísca de reconhecimento surgiu em seus corações. Sem palavras, eles sentiram uma conexão inexplicável, como se o destino tivesse orquestrado aquele encontro.

Ana and João's gazes met for a brief moment, and a spark of recognition ignited in their hearts. Without words, they felt an inexplicable connection, as if destiny had orchestrated that encounter.

Curiosos e encantados, Ana e João se aproximaram um do outro. Eles compartilharam histórias de suas vidas, suas paixões e seus sonhos mais profundos. A sintonia entre eles era inegável, como se tivessem se conhecido em uma vida passada.

Curious and enchanted, Ana and João approached each other. They shared stories of their lives, their passions, and their deepest dreams. The harmony between them was undeniable, as if they had known each other in a past life.

À medida que a conversa fluía, Ana e João descobriram que ambos tinham uma paixão pela escrita e pela exploração do mundo. Eles compartilharam suas experiências de viagem e seus projetos criativos, nutrindo uma admiração mútua pela forma como cada um enxergava a vida.

As the conversation flowed, Ana and João discovered that they both had a passion for writing and exploring the world. They shared their travel experiences and creative projects, nurturing a mutual admiration for the way each of them saw life.

No final da manhã, Ana e João se despediram com a promessa de se encontrarem novamente. Eles trocaram números de telefone e combinaram de compartilhar suas histórias e escritos, alimentando a conexão especial que tinham descoberto.

By the end of the morning, Ana and João bid farewell with the promise to meet again. They exchanged phone numbers and agreed to share their stories and writings, nurturing the special connection they had discovered.

Ao sair do café, Ana e João sentiram um sentimento de euforia e encantamento. Eles sabiam que aquele encontro era apenas o começo de uma jornada cheia de aventuras e descobertas compartilhadas.

As they left the café, Ana and João felt a sense of euphoria and enchantment. They knew that encounter was only the beginning of a journey full of shared adventures and discoveries.

O pequeno café em Lisboa tornou-se o ponto de partida para uma história de amor e amizade que transcenderia as páginas dos livros. Era um lugar onde os caminhos de Ana e João se entrelaçaram, levando-os a uma jornada de conexão profunda e realização de sonhos.

The small café in Lisbon became the starting point for a love story and friendship that would transcend the pages of books. It was a place where Ana and João's paths intertwined, leading them on a journey of deep connection and dream fulfillment.

E assim, enquanto as páginas da vida se desdobravam, Ana e João embarcaram em uma aventura inspiradora, impulsionados pela força do destino e pela magia de um pequeno café que trouxe dois corações juntos em busca da felicidade.

And so, as the pages of life unfolded, Ana and João embarked on an inspiring adventure, propelled by the force of destiny and the magic of a small café that brought two hearts together in search of happiness.

O Sabor da Reconciliação
The Flavor of Reconciliation

Era uma tarde nublada em Lisboa, e o pequeno café na rua estreita estava envolto em uma atmosfera melancólica. As gotas de chuva batiam nas janelas, e as pessoas procuravam abrigo e conforto dentro do acolhedor estabelecimento.

It was a cloudy afternoon in Lisbon, and the small café on the narrow street was enveloped in a melancholic atmosphere. Raindrops tapped against the windows, and people sought shelter and comfort within the cozy establishment.

Sentada em uma mesa ao canto, estava uma mulher chamada Maria. Seu olhar perdido revelava uma mistura de tristeza e saudade. Maria era uma artista talentosa, mas havia abandonado sua paixão há muito tempo, deixando um vazio em sua vida.

Seated at a corner table was a woman named Maria. Her lost gaze revealed a mixture of sadness and longing. Maria was a talented artist, but she had abandoned her passion long ago, leaving a void in her life.

Enquanto Maria remexia sua xícara de chá, uma figura familiar entrou no café. Era seu pai, Manuel, um homem envelhecido pelo tempo e pelas cicatrizes do passado. Havia um distanciamento entre eles há anos, e suas relações estavam repletas de ressentimento e mágoa.

As Maria stirred her cup of tea, a familiar figure entered the café. It was her father, Manuel, a man aged by time and the scars of the past. There had been a rift between them for years, and their relationship was filled with resentment and hurt.

Os olhos de Maria encontraram os de Manuel, e eles souberam que aquele era o momento de encarar as sombras do passado. Lentamente, Manuel se aproximou da mesa de Maria, trazendo consigo um presente envolto em papel cuidadosamente dobrado.

Maria's eyes met Manuel's, and they knew that it was time to confront the shadows of the past. Slowly, Manuel approached Maria's table, carrying with him a gift wrapped in carefully folded paper.

Com as mãos trêmulas, Maria abriu o presente. Era um caderno de desenho, idêntico ao que ela costumava usar quando era mais jovem. Lá dentro, as páginas estavam vazias, esperando para serem preenchidas com a expressão criativa de Maria.

With trembling hands, Maria unwrapped the gift. It was a sketchbook, identical to the one she used to use when she was younger. Inside, the pages were blank, waiting to be filled with Maria's creative expression.

Manuel olhou para Maria com olhos cheios de arrependimento e tristeza. Ele sabia que havia perdido momentos preciosos ao se afastar dela. Com uma voz suave, ele disse:

"Maria, eu sinto muito por todo o tempo que perdemos. Eu quero que você encontre a alegria da arte novamente. Preencha essas páginas com seus sonhos e esperanças."

Maria olhou para o rosto envelhecido de seu pai, as lágrimas enchendo seus olhos. Ela sabia que era hora de deixar o passado para trás e perdoar. Com um sorriso trêmulo, ela respondeu:

"Pai, eu também sinto muito. Vamos fazer as pazes e começar de novo."

Manuel looked at Maria with eyes filled with regret and sadness. He knew he had missed out on precious moments by distancing himself from her. With a soft voice, he said, "Maria, I'm sorry for all the time we've lost. I want you to rediscover the joy of art. Fill these pages with your dreams and hopes."

Maria looked at her father's aged face, tears filling her eyes. She knew it was time to leave the past behind and forgive. With a trembling smile, she replied, "Father, I'm sorry too. Let's make amends and start anew."

No pequeno café em Lisboa, pai e filha se abraçaram, selando o começo de uma jornada de reconciliação e renovação. Maria pegou o lápis que estava esquecido por tanto tempo e começou a esboçar nas páginas do caderno. A tristeza foi transformada em expressão criativa, e a dor foi curada pelo poder do perdão.

In the small café in Lisbon, father and daughter embraced, sealing the beginning of a journey of reconciliation and renewal. Maria picked up the pencil that had been forgotten for so long and started sketching on the pages of the sketchbook. Sadness was transformed into creative expression, and pain was healed by the power of forgiveness.

A medida que os dias se passavam, Maria e Manuel frequentavam o café juntos, compartilhando momentos de arte e conversas sinceras. A arte de Maria começou a ganhar vida novamente, e ela encontrou alegria em cada traço e cada cor que preenchia o papel.

As days went by, Maria and Manuel visited the café together, sharing moments of art and heartfelt conversations. Maria's art started to come alive again, and she found joy in every stroke and every color that filled the paper.

O pequeno café em Lisboa se tornou um lugar de cura e renascimento, onde as feridas do passado foram cicatrizadas e o amor foi reacendido. Era um local onde a reconciliação e a expressão criativa se entrelaçavam, deixando um sabor doce de perdão e recomeço.

The small café in Lisbon became a place of healing and rebirth, where wounds of the past were mended, and love was reignited. It was a place where reconciliation and creative expression intertwined, leaving a sweet flavor of forgiveness and new beginnings.

O Refúgio da Inspiração
The Haven of Inspiration

Era uma tarde ensolarada em Lisboa, e o pequeno café na rua estreita estava repleto de animação e energia. As mesas ao ar livre estavam ocupadas por pessoas apreciando suas bebidas refrescantes e conversando animadamente. O ar estava impregnado de risos e histórias compartilhadas.

It was a sunny afternoon in Lisbon, and the small café on the narrow street was filled with liveliness and energy. The outdoor tables were occupied by people enjoying their refreshing drinks and engaging in lively conversations. Laughter and shared stories filled the air.

Sentado em uma mesa ao canto, estava um homem chamado Miguel. Ele era um escritor talentoso, com uma mente fértil repleta de ideias e histórias para contar. Miguel encontrava refúgio no café, onde o ambiente vibrante e a mistura de pessoas alimentavam sua inspiração.

Seated at a corner table was a man named Miguel. He was a talented writer, with a fertile mind filled with ideas and stories to tell. Miguel found refuge in the café, where the vibrant atmosphere and mix of people nourished his inspiration.

Enquanto Miguel tomava um gole de seu café, seus olhos foram atraídos para uma mulher sentada em uma mesa próxima. Seu nome era Sofia, uma fotógrafa apaixonada pelo poder de capturar momentos e emoções em suas imagens. Eles se olharam por um momento, compartilhando um reconhecimento mútuo de suas paixões artísticas.

As Miguel took a sip of his coffee, his eyes were drawn to a woman sitting at a nearby table. Her name was Sofia, a photographer passionate about capturing moments and emotions in her images. They locked eyes for a moment, sharing a mutual recognition of their artistic passions.

Curiosos, Miguel e Sofia se aproximaram um do outro. Eles compartilharam suas histórias e suas visões artísticas, percebendo que tinham muito em comum. A conexão entre eles era palpável, como se o universo tivesse conspirado para unir duas almas criativas.

Curious, Miguel and Sofia approached each other. They shared their stories and artistic visions, realizing they had much in common. The connection between them was palpable, as if the universe had conspired to bring two creative souls together.

Combinando suas habilidades artísticas, Miguel e Sofia decidiram colaborar em um projeto único. Miguel começou a escrever contos e poesias inspirados pelas fotografias de Sofia, enquanto ela capturava imagens que refletiam a essência das palavras de Miguel. Eles estavam criando um diálogo único entre a escrita e a fotografia.

Combining their artistic skills, Miguel and Sofia decided to collaborate on a unique project. Miguel started writing short stories and poems inspired by Sofia's photographs, while she captured images that reflected the essence of Miguel's words. They were creating a unique dialogue between writing and photography.

O pequeno café se tornou um espaço de criação e inspiração, onde Miguel e Sofia se encontravam regularmente para discutir ideias e compartilhar suas obras em andamento. As pessoas ao redor começaram a notar a magia que emanava de suas colaborações, e a comunidade artística local ficou intrigada com a forma como suas expressões artísticas se entrelaçavam.

The small café became a space of creation and inspiration, where Miguel and Sofia met regularly to discuss ideas and share their works in progress. People around them began to notice the magic that emanated from their collaborations, and the local artistic community became intrigued by how their artistic expressions intertwined.

Em pouco tempo, Miguel e Sofia organizaram uma exposição conjunta no café, exibindo suas criações colaborativas para todos apreciarem. As paredes do estabelecimento ganharam vida com as palavras de Miguel e as imagens de Sofia, proporcionando aos visitantes uma experiência visual e literária única.

In no time, Miguel and Sofia organized a joint exhibition at the café, showcasing their collaborative creations for all to enjoy. The walls of the establishment came alive with Miguel's words and Sofia's images, providing visitors with a unique visual and literary experience.

O pequeno café em Lisboa tornou-se um ponto de encontro para artistas de várias disciplinas, que se inspiravam na criatividade e colaboração de Miguel e Sofia. Era um lugar onde ideias eram compartilhadas, projetos eram desenvolvidos e amizades floresciam.

The small café in Lisbon became a gathering place for artists of various disciplines, who drew inspiration from Miguel and Sofia's creativity and collaboration. It was a place where ideas were shared, projects were developed, and friendships blossomed.

E assim, no coração de Lisboa, o café continuou a ser um farol de criatividade e conexão, onde artistas se reuniam para explorar novas formas de expressão e encontrar refúgio na inspiração mútua. Através da magia das palavras e das imagens, eles transformaram aquele pequeno espaço em um lugar de magia e encantamento.

And so, in the heart of Lisbon, the café continued to be a beacon of creativity and connection, where artists gathered to explore new forms of expression and find refuge in mutual inspiration. Through the magic of words and images, they transformed that small space into a place of enchantment and wonder.

A Melodia do Amor
The Melody of Love

Era uma noite fria em Lisboa, e o pequeno café na rua estreita estava iluminado pelas luzes suaves e calorosas. O aroma do café recém-preparado e dos bolos caseiros enchia o ar, criando um ambiente aconchegante e convidativo. As mesas estavam preenchidas por pessoas em busca de um momento de relaxamento e prazer.

It was a cold night in Lisbon, and the small café on the narrow street was illuminated by soft and warm lights. The aroma of freshly brewed coffee and homemade pastries filled the air, creating a cozy and inviting atmosphere. The tables were filled with people seeking a moment of relaxation and pleasure.

Sentado em uma mesa ao centro, estava um homem chamado Gabriel. Ele era um músico talentoso, com um violão apoiado em seu colo. Gabriel encontrava no café um refúgio para compartilhar sua música com os outros, trazendo vida e emoção através das notas que dedilhava.

Seated at a central table was a man named Gabriel. He was a talented musician, with a guitar resting on his lap. Gabriel found solace in the café, sharing his music with others, bringing life and emotion through the notes he strummed.

Enquanto Gabriel tocava uma melodia suave, seus olhos encontraram os de uma mulher sentada em uma mesa próxima. Seu nome era Ana, uma poetisa de alma sensível que encontrava inspiração nas melodias que dançavam pelo ar. Ana sentiu seu coração ser tocado pela música de Gabriel, como se suas palavras ganhassem vida através das notas do violão.

As Gabriel played a gentle melody, his eyes met those of a woman sitting at a nearby table. Her name was Ana, a poet with a sensitive soul who found inspiration in the melodies that danced through the air. Ana felt her heart being touched by Gabriel's music, as if her words came to life through the guitar's notes.

Curiosa e encantada, Ana se aproximou da mesa de Gabriel. Ela compartilhou seus poemas com ele, recitando-os com suavidade enquanto a música ecoava ao fundo. Gabriel sorriu e acompanhou as palavras de Ana com os acordes do violão, criando uma sinfonia única entre música e poesia.

Curious and enchanted, Ana approached Gabriel's table. She shared her poems with him, reciting them softly as the music echoed in the background. Gabriel smiled and accompanied Ana's words with the guitar chords, creating a unique symphony of music and poetry.

O pequeno café se transformou em um palco improvisado, onde a música e a poesia se entrelaçavam em uma dança perfeita. As pessoas ao redor pararam para ouvir, suas almas sendo acariciadas pelas palavras e pelos sons que preenchiam o espaço.

The small café transformed into an improvised stage, where music and poetry intertwined in a perfect dance. People around stopped to listen, their souls being caressed by the words and sounds that filled the space.

A conexão entre Gabriel e Ana era mais do que apenas artística, era uma sintonia profunda entre duas almas apaixonadas pela arte. Eles compartilharam histórias, risos e momentos de silêncio, descobrindo uma conexão que transcendia o café e a música.

The connection between Gabriel and Ana was more than just artistic; it was a deep bond between two souls passionate about art. They shared stories, laughter, and moments of silence, discovering a connection that transcended the café and the music.

No final da noite, Gabriel e Ana se despediram com a promessa de se encontrar novamente. Eles sabiam que a melodia do amor estava apenas começando, e o café se tornaria o cenário de seu encontro contínuo.

By the end of the night, Gabriel and Ana bid farewell with the promise to meet again. They knew that the melody of love was just beginning, and the café would become the backdrop of their ongoing encounter.

O pequeno café em Lisboa continuou a abrigar os encontros apaixonados de Gabriel e Ana. As notas musicais e as palavras poéticas continuaram a preencher o espaço, levando os corações das pessoas a uma jornada de amor, inspiração e arte.

The small café in Lisbon continued to host the passionate meetings of Gabriel and Ana. The musical notes and poetic words continued to fill the space, taking people's hearts on a journey of love, inspiration, and art.

E assim, ao som da música e das palavras, o pequeno café se tornou um farol de amor e expressão artística. As pessoas que passavam por ali eram envolvidas pela magia da melodia e pelo poder da poesia, encontrando um refúgio onde suas almas podiam se conectar e se apaixonar novamente.

And so, to the sound of music and words, the small café became a beacon of love and artistic expression. People passing by were engulfed by the magic of melody and the power of poetry, finding a refuge where their souls could connect and fall in love once again.

O Encontro Inesperado
The Unexpected Encounter

Era uma tarde ensolarada em Lisboa, e o pequeno café na rua estreita estava movimentado como sempre. As mesas estavam ocupadas por clientes que conversavam animadamente, desfrutando de suas bebidas e petiscos. No canto do café, uma mulher chamada Maria estava sentada sozinha, absorta em seus pensamentos.

It was a sunny afternoon in Lisbon, and the small café on the narrow street was bustling as usual. The tables were occupied by customers engaged in lively conversations, enjoying their drinks and snacks. In a corner of the café, a woman named Maria sat alone, lost in her thoughts.

Enquanto Maria olhava para fora, um homem chamado João entrou no café. Seus olhares se cruzaram por um breve momento antes de ele se aproximar e perguntar se poderia compartilhar a mesa com ela. Maria, um pouco surpresa, concordou prontamente.

As Maria looked out the window, a man named João entered the café. Their eyes met briefly before he approached and asked if he could share the table with her. Maria, somewhat surprised, readily agreed.

Enquanto conversavam, Maria e João descobriram que tinham muitos interesses em comum. Ambos eram amantes da arte e da música, e compartilharam histórias de suas experiências e paixões. Uma conexão especial começou a se formar entre eles, como se o universo tivesse conspirado para aquele encontro.

As they talked, Maria and João discovered that they had many shared interests. Both were art and music enthusiasts, and they shared stories of their experiences and passions. A special connection began to form between them, as if the universe had conspired for that encounter.

À medida que o sol se punha, Maria e João continuaram a conversar e a rir, perdendo a noção do tempo. O café, antes um lugar comum, agora se tornava um refúgio onde suas vozes se entrelaçavam em harmonia.

As the sun set, Maria and João continued to talk and laugh, losing track of time. The café, once an ordinary place, now became a sanctuary where their voices intertwined in harmony.

O encontro inesperado transformou-se em uma amizade que perdurou por anos. Maria e João se tornaram companheiros inseparáveis, explorando juntos as belezas de Lisboa e compartilhando momentos de alegria e tristeza. O pequeno café, que havia sido o cenário desse encontro, testemunhou a evolução de uma história especial.

The unexpected encounter turned into a friendship that lasted for years. Maria and João became inseparable companions, exploring the beauties of Lisbon together and sharing moments of joy and sadness. The small café, which had been the backdrop of their encounter, witnessed the evolution of a special story.

No final, Maria e João perceberam que o café não era apenas um lugar para tomar café e conversar, mas sim um ponto de encontro para almas afins. Eles acreditavam que o destino havia guiado seus passos até aquele café, permitindo que suas vidas se entrelaçassem de forma significativa.

In the end, Maria and João realized that the café was not just a place to have coffee and talk, but a meeting point for kindred souls. They believed that destiny had guided their steps to that café, allowing their lives to intertwine in a meaningful way.

E assim, em meio às conversas animadas e aos sorrisos compartilhados, o pequeno café em Lisboa continuou a ser o palco de encontros inesperados e histórias que se entrelaçavam, deixando uma marca indelével na vida de cada pessoa que passava por ali.

And so, amidst lively conversations and shared smiles, the small café in Lisbon continued to be the stage for unexpected encounters and intertwining stories, leaving an indelible mark on the lives of each person who passed through its doors.

www.ingramcontent.com/pod-product-compliance
Lightning Source LLC
Chambersburg PA
CBHW050612160726

48003CB00003B/1154